Das Orakel der
Handlesekunst

Titel der Originalausgabe:
Oracle of destiny

© 2023 Librero IBP
(für die deutsche Ausgabe)
www.librero-ibp.com

Vivida® is the trademark property of
White Star s.r.l.
www.vividabooks.com

© 2023 White Star s.r.l.
Piazzale Luigi Cadorna, 6
20123 Mailand, Italien
www.whitestar.it

Herausgeber: Balthazar Pagani
Redaktion: Caterina Grimaldi
Layout: Davide Canesi/PEPE *nymi*

Aus dem Englischen von Anne Döbel
(für iMport/eXport)
Lektorat: Anika Seemann
Satz: iMport/eXport

Gedruckt und gebunden in China

ISBN 978-94-6359-463-9

Alle Rechte vorbehalten. Kein Teil dieses Werkes darf in irgendeiner Form (durch Fotografie, Mikrofilm oder ein anderes Verfahren) ohne schriftliche Genehmigung des Verlages reproduziert oder unter Verwendung elektronischer Systeme verarbeitet, vervielfältigt oder verbreitet werden.

Das Orakel der Handlesekunst

MIT LINIEN UND BERGEN
DAS LEBEN VERSTEHEN

von
AZZURRA D'AGOSTINO

Illustrationen von
PAOLA VECCHI

Librero

INHALT

•••

Schicksalsorakel und Handlesekunst
S. 7

Aus Händen lesen: Einige allgemeine Anmerkungen
S. 12

Umgang mit den Karten
S. 17

Legemöglichkeiten
S. 18

Die Karten
S. 25

Biegsamkeit	26
Feuchtigkeit	28
Trockenheit	30
Härte	32
Farbe	34
Nägel	36
Feuer	38
Erde	40
Luft	42
Wasser	44
Wurzeln	46
Stamm	48
Zweige	50
Mars	52
Jupiter	54
Saturn	56
Apollon	58
Merkur	60
Venusberg	62
Mondberg	64
Leben	66
Herz	68
Kopf: Vernunft	70
Kopf: Harmonie	72
Kopf: Traum	74
Schicksal	76
Schicksal: Paar	78
Schicksal: nicht vorhanden	80
Marsebene	82
Ring des Salomo	84
Affe	86
Intuition	88
Milchstraße	90
Armband	92
Sonne	94
Zeit	96
Venusgürtel	98
Einflüsse	100
Zuneigung	102
Reisen	104
Sorgen	106
Ketten	108
Quadrat	110
Stern	112
Gitter	114
Punkt	116
Mystisches Kreuz	118
Schlaufe	120
Bogen	122
Wirbel	124

Schicksalsorakel und Handlesekunst

Die Handlesekunst – oder Chiromantie – ist überall verbreitet, im Osten wie im Westen, und wird seit uralten Zeiten ausgeübt.

Im Vedischen Indisch finden sich sogar in Texten, die bereits zweitausend Jahre vor Christus geschrieben wurden, Hinweise auf das Handlesen. In China existieren schriftliche Zeugnisse für diese Kunst aus dem vierten Jahrhundert vor Christus.

Im Westen beginnen die Aufzeichnungen darüber zwar erst im Mittelalter, doch Spuren für häufig betriebene Handlesekunst gibt es bei den Griechen – zum Beispiel bei Aristoteles – und den Römern – wie in der *Naturalis Historia* von Plinius dem Älteren.

Die älteste bekannte englische Schrift, die sich ausschließlich der Handlesekunst widmet, stammt aus dem 15. Jahrhundert: die *Digby Rolls* 4, miteinander vernähte Pergamentstreifen, die eine über zwei Meter lange Rolle bilden.

Viele weitere Abhandlungen wurden zwischen dem 15. und 20. Jahrhundert verfasst, häufig in Verbindung mit Astrologie, Alchemie, Philosophie und Numerologie.

Zahlreiche Dichter und Wissenschaftler der Vergangenheit übten Chiromantie aus, darunter Anaxagoras, Juvenal und Paracelsus. Die Liste ist so lang und vielfältig, dass sie nicht in Kürze wiedergegeben werden kann. Das Interesse an der Chiromantie (definiert als die Kunst, den Charakter und die psychologischen Merkmale einer Person in der Hand zu erkennen) entstand vermutlich aus einem faszinierenden Prinzip heraus: der Vorstellung, dass der Körper die Merkmale der Seele trägt, und dass sich diese in bestimmten Details zeigen, die katalogisiert und gedeutet werden können. Was sie uns mitteilen, enthüllt die intimsten und grundlegendsten Aspekte einer Person, vom Temperament über ihre Vorlieben bis zum Umgang mit anderen. Manchmal verraten sie etwas über ihre physiologischen Eigenschaften und ihre sensibelsten Bereiche. In einigen Kulturen wie etwa der chinesischen ist diese Vorstellung so stark verankert, dass auch andere Körperteile „gelesen" werden, die Füße oder das Gesicht.

Zwar galt in alten Zeiten die Handlesekunst als die meistverbreitete Form des Wahrsagens, die Informationen auf den Karten sollten jedoch nicht als Vorhersagen oder Prophezeiungen aufgefasst werden.

Taucht man tiefer in das Thema der Chiromantie, Chirologie (Deutung der Handlinien) und Chirognomie (Deutung der Handform) ein, wird verständlich, wie die Weisheit, die in diesen Praktiken steckt, sich nicht als Wissenschaft der Vorahnungen sieht, sondern als alternative, kreative und transversale Art, sich selbst kennenzulernen.

Hände sind hervorragende Werkzeuge, die wir zum Arbeiten, Erforschen und Anfassen verwenden – und um die Welt zu begreifen. Die Hand auszustrecken ist unsere erste Geste, wenn wir jemanden kennenlernen.

Die Spuren des Lebens in diesem Körperteil, zusammen mit einem komplexen Netz aus Symbolen und den jahrhundertealten Deutungsmöglichkeiten dieser Details, eröffnen uns eine unglaubliche Welt an Möglichkeiten, unser Leben aus einer neuen Perspektive zu beleuchten.

Wenn wir weiter in uns vordringen, unser Handeln und unsere Reaktionen untersuchen, häufig, um ein tieferes und kreativeres Verständnis für Bedeutungen und Perspektiven zu erhalten, die durch unsere Erfahrungen und Beziehungen entstehen, dann schauen wir nicht nur auf die Ebene der Vernunft.

Im Leben verwoben sind Gefühle, Träume, Bestrebungen, Emotionen, Geheimnisse, unbewusste Gründe, körperliche Impulse und Instinkte. Diesen Knoten zu entwirren ist nicht leicht, aber wir können dadurch unser Sein und unser Handeln lenken.

Und so ist alles, was unsere Intuition anregt und uns dabei hilft, auf uns zu hören und nicht nur mit unserem Intellekt auf Dinge zu reagieren, ein großartiger Verbündeter.

Es gibt nicht das eine Rezept dafür, nicht den einen Weg, Herausforderungen zu begegnen. Und so sollen wir uns auch auf die ältesten Praktiken und Künste nicht einfach blind verlassen, wenn wir Antworten suchen. Vielmehr sollen sie unsere Neugier wecken und unsere Perspektive erweitern.

In unserer Hand finden wir alles, was in uns ist und unser Verhältnis zur äußeren Welt bestimmt. Was ist aber nun mit der Zukunft? Wenn mit „Zukunft" gemeint ist, dass wir wissen möchten, ob wir im Lotto gewinnen, so gibt uns unsere Hand keine Antwort darauf. Wenn wir aber danach fragen, was die Zukunft für uns selbst und in Bezug zur Außenwelt bereithält und wie wir dies erfahren werden, was zu weiten Teilen von unserem Charakter, unserer Gesundheit und unserem Temperament abhängt, so stehen die Antworten darauf in unserer Hand geschrieben, aber wir können noch Einfluss darauf nehmen.

Man muss wissen, dass die Hand sich verändert. Manchmal erscheinen die Linien deutlicher, manchmal weniger ausgeprägt. Manche Details verschwinden, andere stechen mehr heraus. Es ist unser Schicksal, das sich verändert, ausgelöst durch unseren Willen, ein neues Bewusstsein und unser Handeln.

Und so sind die Karten in diesem Buch entstanden: Sie sind nicht einfach nur eine Sammlung von Informationen über Chiromantie, sondern vielmehr eine Reihe von Vorschlägen, erwachsen aus dieser Kunst. Sie beziehen die Person, die die Karten austeilt, aktiv ein, auf ihrer Hand nach den entsprechenden Zeichen zu suchen. Auf die Weise kann jeder die Verflechtungen von Leben, Schicksal, Zeit und möglichen Veränderungen durch eigene Deutung erforschen.

Aus Händen lesen: Einige allgemeine Anmerkungen

Unsere Hand ist wie eine Landkarte unserer inneren Welt und unserem Verhältnis zur äußeren Welt. Simpel gesagt, lässt sie sich in vier Zonen unterteilen.

Stellen wir uns eine aufrechte Hand mit einer Linie vor, die von oben durch den Mittelfinger verläuft und den Handballen halbiert. In einer Hälfte sind Daumen und Zeigefinger, das ist der äußere Teil für die extrovertierten Aspekte einer Person, mit ihrem Ehrgeiz, ihrer Willenskraft und der Fähigkeit, zu dominieren. Zur anderen Hälfte gehören Ringfinger und kleiner Finger. Dies ist der innere Teil, die Welt der Gefühle und der Energie, die Tiefe unserer Seele. Der Mittelfinger, auch Saturnfinger genannt, ist die Brücke zwischen den beiden Welten, dort treffen sie sich oder kollidieren auf der ständigen Suche nach Ausgleich.

Wenn wir gedanklich eine horizontale Linie unter dem dicken Teil („Berg" genannt) am

Grundgelenk jedes Fingers ziehen, unterteilen wir die Hand wiederum: in einen Teil mit den Fingern und Bergen, die mit dem individuellen Handeln verbunden sind und der rein menschlichen Intelligenz, und in einen Teil mit der restlichen Handfläche, also den eher passiven Aspekten (d. h. dem Ursprünglichen, nicht auf den Willen begrenzt) und den entsprechenden Merkmalen einer Person wie dem Instinkt, den wir mit allen Tieren gemein haben.

Die Unterteilung in innere und äußere Welt, aktivem und passiven Leben, weist schon darauf hin, dass unsere Hände wichtige Erkenntnisse über uns, unser Leben und unsere Verbindung zur äußeren Welt bereithalten.

Dabei kommt alles an der Hand unter die Lupe: Form, Farbe, Hautstruktur, Temperatur, Beweglichkeit, Nägel, Besonderheiten der Finger, Handlinien, Fingerabdrücke, Muttermale, Narben, Tattoos und Ringe.

Aber welche Hand lesen wir? Es gibt viele Lehren darüber, welche es sein soll. Einige geben an, dass eher die dominante Hand (die, mit der wir schreiben) genommen werden soll, an der der augenblickliche Stand der Dinge zu erkennen ist. Andere meinen, dass sich eher die andere Hand eignet, da sie nicht durch den täglichen Gebrauch erschöpft ist. Wieder andere unterscheiden nach Geschlecht. Auch gibt es die Auffassung, dass die rechte Hand die Gegenwart und zukünftige Entwicklungen repräsentiert, die linke steht für die Vergangenheit oder angeborene Talente. Dabei sollten immer beide Hände gelesen werden, damit Unterschiede verglichen (nie sind beide identisch) und Ähnlichkeiten und Kontinuitäten gefunden werden können.

Jede Karte des Decks steht beim Handlesen für eine herausragende Eigenschaft, deren Bedeutung im Buch kurz erklärt wird. Die Kartenfolge im Buch spiegelt eine mögliche, allgemeine Deutung wider, beginnend mit den äußeren und sichtbaren Elementen (wie fühlt sie sich an, Form, Nägel, Finger) bis zu den inneren (Fingerabdrücke, Linien in der Handfläche), wie bei einer Landkarte, die sowohl die generelle Morphologie (Grenzen, Berge) als auch detaillierte Karten der Städte abbildet.

Wenn Sie das Buch für sich allein ohne Karten lesen, erfahren Sie alles, was Sie brauchen, um die Grundlagen der Handlesekunst zu erlernen.

Wenn wir die Merkmale der Karten auf unseren Händen finden und ihre Besonderheiten untersuchen, gilt, dass alles (Muttermale, Ringe, Tattoos), was einen bestimmten Teil betont, dessen Bedeutung verstärkt. Alles auffallend Kleine (kurze, dünne Linien, kurze Finger, flache, fleischige Teile) deutet gewöhnlich darauf hin, dass wir uns besonders um ein eventuelles Defizit dieses Bereichs kümmern sollen. Das Gegenteil (übergroße, tiefe Grübchen, hervorstehende Merkmale) weist auf große, manchmal überbordende Eigenschaften hin, die möglicherweise neu eingestellt werden müssen.

Manchmal sind die Linien der Hand schwach, kreuzen oder überlappen sich und Sie mögen sich fragen, ob es sich wirklich um die Linie handelt, nach der Sie suchen. Das ist normal, aber mit etwas Übung – wenn Sie die Hände Ihrer Familie und Freunde gelesen haben – wird es Ihnen immer leichter fallen, Linien und wofür sie stehen, zu erkennen. Zum Handlesen gehört die Kunst, Verbindungen zu erkennen. Die Wahrheit ist nicht in Stein gemeißelt oder absolut, sondern zeigt sich sowohl im Auge des Betrachters als auch in dem Verhältnis des Handlesers zu der Person, deren Hand gelesen wird, zum Zeitpunkt des Lesens. Folgen Sie Ihrer Intuition. Die Linie wird sich zeigen und die sein, die Sie gerade brauchen.

Umgang mit den Karten

Das Deck besteht aus 50 Karten. Das Thema jeder Karte ist durch einen anderen Abschnitt der Hand inspiriert und trägt sichtbar Hinweise auf dessen tiefere Bedeutung. Das genaue Betrachten der Karte führt zu einer sofortigen emotionalen Reaktion, durch die Kanäle über das Bewussten hinaus geöffnet werden.

Es empfiehlt sich, beim Legen der Karten Stift und Papier zur Hand zu haben. Immer, wenn wir eine Karte gezogen und ihre Details studiert haben, schreiben wir auf, was das Bild in uns auslöst. Das kann eine Liste mit Wörtern sein, ein Gedicht, eine Frage oder ein knapper Gedanke.

Im Büchlein wird die allgemeine Bedeutung jeder Karte angegeben, zusammen mit den Merkmalen an der Hand und deren Bedeutung sowie ein Vorschlag für „Inspirationen" oder Gedankenfutter und Vorstellungen.

Zu den Erläuterungen der Karten gehört außerdem jeweils ein Bild, in dem die betreffende Zone der Hand gelb markiert ist. So erkennen Sie leichter den Teil der Hand, auf den die Karte sich bezieht.

Legemöglichkeiten

Nachfolgend werden drei Legearten beschrieben, allerdings steht es jedem frei, seine eigenen zu entwickeln.

Das erste Lesesystem heißt „Inspirationskarte" und eignet sich für ein konkretes Thema, ein Dilemma, das unsere Handlungsfähigkeit blockiert und uns in einen endlosen Kreislauf des Grübelns schickt, der eine wirkliche Entscheidung verhindert. Wir können diesen leeren Kreis ohne Lösungen durchbrechen, wenn wir auf unsere Vorstellungskraft zurückgreifen, unsere metaphorische Fähigkeit, ein komplett neues visuelles Element mit seinen Symbolen und Bedeutungen einzubringen, um eine völlig neue Denkweise zu aktivieren und das Thema neu anzugehen. Die „Inspirationen" können dabei neue Fragen aufwerfen, die uns zu anderen und überraschenden Antworten führen.

Das nächste System ist die „Karte des Tages", durch die wir uns selbst gegenüber aufmerksamer werden. Ich empfehle, über die Karte des Tages Buch zu führen und alles Wichtige aufzuschreiben, was mit Ihrem

Körper, Geist und Ihrer Seele während des Legens geschieht. Sie sollten diesen Teil des Tages besonders gestalten, als kleines Ritual für das Geschenk, das wir uns selbst machen: Uns selbst Aufmerksamkeit zu schenken aus einer Perspektive heraus, in der wir nicht einfach nur funktionieren. Dabei müssen wir niemandem etwas beweisen, wenn wir schreiben oder interpretieren, wir müssen nicht effizient, gut oder pünktlich sein. Nur etwas Zeit müssen wir uns zugestehen. Wir brauchen dazu einen Raum, in dem wir nicht gestört werden. Wir nehmen uns ein leckeres Getränk mit und zünden eine kleine Duftkerze oder etwas Räucherwerk an. Wir möchten ein Fenster zu uns selbst öffnen.

„Gestern, Heute, Morgen" ist ein Lesesystem mit drei Karten, das uns hilft, wenn wir an einem Scheidepunkt stehen oder eine Veränderung ansteht. Dabei kann es um eine Entscheidung gehen, die einen neuen Lebenskreis betrifft, etwa die Aufnahme neuer Studien oder das Beenden einer Beziehung. Vielleicht existiert auch keine konkrete Anfrage bezüglich der äußeren Welt. Wir müssen uns zwar nicht nach einem neuen Job umsehen, aber wir spüren ein Drängen in uns, ein unerklärliches Bedürfnis, etwas Grundlegendes zu verändern. Das Lesen sowohl der Karten als auch der Hände führt zu der Inspiration, wie wir mit dem Drängen umgehen können, worauf wir achten sollten, was uns auffällt und mit welchen unserer Mittel eine Veränderung am besten zu bewerkstelligen ist.

Schauen wir uns die drei Lesesysteme genauer an.

Inspirationskarte

Ein Problem lässt Sie nicht los, etwas setzt Ihnen innerlich zu, eine Unentschlossenheit macht Ihnen zu schaffen. Suchen Sie nach einer anderen Sicht auf die Dinge, dadurch könnten Ihnen Ideen kommen, die vorher undenkbar waren.

Konzentrieren Sie sich auf das aktuelle Thema und ziehen Sie eine Karte aus dem Deck, das verdeckt vor Ihnen liegt. Betrachten Sie sie und schreiben auf, was Ihnen in den Sinn kommt: Bilder, Gefühle und Gedanken, die das Bild in Ihnen weckt. Überlegen Sie, was mit Ihrer Frage in Ihnen hochgekommen ist, und finden Sie heraus, welche Botschaft Ihnen Ihr Unterbewusstsein mit den geschriebenen Worten und Ihren Gefühlen schickt. Lesen Sie im Büchlein nach, wofür die Karte steht, finden Sie eine Verbindung zu Ihrer ersten Inspiration. Suchen Sie auf Ihrer Hand die Merkmale der gezogenen Karte und schauen Sie, welche das hervorstechende Element dort ist, das für Ihre Veranlagung steht und für die Risiken, die entstehen, wenn es aus dem Gleichgewicht ist.

Die Karte des Tages

Wenn Sie erfahren möchten, unter welchem Motto der Tag steht oder worauf Sie an einem bestimmten Tag achten sollten, ziehen Sie eine Karte aus dem verdeckten Stapel, schauen sie an und schreiben die Worte auf, die sie in Ihnen hervorruft. Dann lesen Sie die Bedeutung der Karte nach und schauen sich genau an, wie sich dieses Merkmal auf der Hand zeigt, die Sie gerade lesen. Das ist es, was Sie an diesem Tag beschäftigen wird, das es zu unterstützen oder zu bekämpfen gilt, je nach der Charakteristik der Hand. Denken Sie daran, dass ein Unmaß (ein besonders auffälliges Kennzeichen oder sein Fehlen) auf ein Ungleichgewicht hinweist, um das Sie sich kümmern sollten.

Gestern, Heute, Morgen

Ziehen Sie drei Karten und legen sie verdeckt nebeneinander vor sich ab. Drehen Sie sie um. Die erste repräsentiert eine allgemeine Charaktereigenschaft, die Ihre Handlungen bis hierher hauptsächlich bestimmt hat. Die zweite zeigt Ihnen, was Sie heute antreibt. Die dritte Karte steht dafür, was am folgenden Tag auf Sie zukommt. Sie können Ihre Notizen für alle drei Karten oder für jede einzeln schreiben. Was fragen sie Sie, für welche Herausforderungen stehen sie, welche Möglichkeiten eröffnen sie Ihnen? Sehen Sie im Büchlein die Bedeutung jeder Karte nach und auch auf Ihrer Hand, um zu erfahren, was Ihre körperlichen Merkmale darüber aussagen.

Biegsamkeit

Trockenheit

Wenn wir uns unsere Hand als die Oberfläche einer lebendigen Welt mit unterirdischen Flüssen vorstellen, dann ist das Vorhandensein oder Fehlen von Feuchtigkeit auf der Handfläche 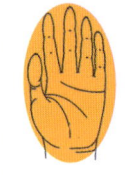 bezeichnend. Die Flüsse, die in uns fließen, sind Gefühlsströme. Wenn sie an unsere körperlich wahrnehmbare Oberfläche treten, verraten sie uns etwas über unsere Gefühlswelt. Manchmal enthüllen sie Angst (zum Beispiel durch feuchte Hände vor einer Prüfung), manchmal sagen sie uns, dass wir mit unseren Gefühlen nicht so umgehen, wie wir es gerne hätten oder wie wir denken, dass es sozial annehmbar wäre.

Inspiration

Haben Sie Angst davor, Ihre wahren Gefühle zu zeigen? Davor, verurteilt oder abgestempelt zu werden? Stellen Sie sich vor, dass Sie die Aufgabe erhalten, eine brennende Kerze um einen See zu tragen. Sie steht für Ihre Gefühle. Schützen Sie sie, lassen Sie sie nicht ins Wasser fallen.

Feuchtigkeit

Die Biegsamkeit bezieht sich darauf, wie weit sich die Finger nach hinten strecken können und entspricht üblicherweise der Offenheit einer Person. Die Biegsamkeit zu überprüfen ist demnach wie ein Blick in den Geist. Wie offen jemand ist wechselt von Zeit zu Zeit, manchmal auf überraschende Weise. Die dominante Hand zeigt, wie es momentan damit bestellt ist, die andere den angeborenen Stand. So, wie Muskeln sich durch Dehnen trainieren lassen, können wir auch unsere geistige Offenheit unser Leben lang vergrößern.

Inspiration

Haben Sie keine Angst vor neuen Ideen. Scheuen Sie keine Abenteuer. Natürlich schreckt uns das Unbekannte, weil es uns aus unserer Sicherheit lockt. Nehmen Sie Offenheit wie ein Geschenk an, ohne sich überwältigen zu lassen. Neugier bedeutet nicht, keine eigene Meinung zu haben.

Selbst empfindliche und weiche Haut, die ein Anzeichen für Sensibilität ist, kann austrocknen. Wie Feuchtigkeit für die Schwierigkeiten steht, mit den Gefühlsströmen umzugehen, zeigt Trockenheit,  dass sie zurückgehalten werden und auf eine Unfähigkeit, sich selbst auszudrücken oder sogar zu verstehen, was man fühlt. Auch fällt es uns schwer, loszulassen und wirklich daran zu glauben, was wir fühlen. Diese Eigenschaft kann unser Leben lang erheblichen Schwankungen unterliegen.

Inspiration

Sperren Sie nicht ein, was Ihnen das Geheimste und Liebste ist. Stellen Sie sich einen Maler der Antike vor, der eine Decke verziert. Zum Schluss entsteht in der Mitte das schönste Bild. Dann deckt er es ab, damit nur Gott es sehen kann. Was meinen Sie? Wollen Sie wirklich dem Rest der Welt vorenthalten, was Sie zu bieten haben?

Härte

Die Haut ist unser größtes Organ, sie ist unsere Abgrenzung zur Welt. Sie zeigt, wie wir uns der Außenwelt nähern. Und so kann raue, harte und dicke Haut an den Händen dafür stehen, dass  wir das sprichwörtliche „dicke Fell" oder eine ausgeprägte körperliche Widerstandsfähigkeit besitzen. Oder wir sperren uns gegen Gefühle. Natürlich spielt auch unsere Arbeit eine Rolle und wie sie unsere Hände strapaziert. Und auch das wirkt sich auf die Art aus, wie wir das Leben wahrnehmen und aus Erfahrungen lernen. Diese Eigenschaft kann sich im Laufe der Zeit erheblich verändern.

Inspiration

Die Welt kann wehtun, so viel steht fest. Sie kann hart sein und Sie möchten sich gegen sie schützen. Das ist aber kein Grund für ein hartes Herz, sich zur Gleichgültigkeit zu zwingen, oder zu viel von sich zu verlangen.

Farbe

Beim Handlesen spielt die Farbe der Handinnenfläche eine Rolle, sie ist abhängig vom Blutfluss und den Bluteigenschaften. Dabei ist es, als ob wir auf die Farbe unter der Haut schauen. Sie zeigt,  wie stark die Lebenskraft der betreffenden Person ist. Dabei gibt es mehrere Variationen: Wenn ein Berg eine stärkere Färbung hat als ein anderer, sind die Eigenschaften des einen gerade stärker ausgeprägt. Unterscheidet sich die Farbe der Linien oder Nägel von der der Handfläche (wenn sie etwa eine gelbe, rote, blaue oder weiße Schattierung aufweisen), ist etwas aus dem Gleichgewicht. Das kann ein Hinweis auf ein körperliches Problem sein, aber auch auf eine Abwehrhaltung gegen das Leben.

Inspiration

Jede Person besitzt ein eigenes Licht, ein persönliches Spektrum, unabhängig von der Farbe der Augen, des Haars oder der Haut. Das ist ein Regenbogen, der nach draußen strahlt. Wir sind die Quelle unseres Lichts.

Nägel

Unsere Nägel sind das Fenster zu unserer Gesundheit und unserer Stimmung. Gesunde Nägel sind fest, dicht, stark und elastisch. Die Farbe ist einheitlich und die Form passt harmonisch zur restlichen 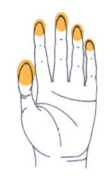 Hand. Das ist aber nicht immer der Fall. Sogar die Art, wie wir unsere Nägel pflegen, spricht Bände. Lange Nägel stehen für Sensibilität und wenig Resistenz, kurze Nägel verweisen auf ein organisiertes, methodisches Wesen, das zum Aufbrausen neigt. Quadratische Nägel sind Zeichen für Lebendigkeit und allgemeiner Neugier, trapezförmige lassen Anfälligkeiten vermuten.

Inspiration

Mit den Nägeln können wir kratzen, aber auch sanft Wachs ablösen. Die empfindlichsten Teile unserer Hand, an denen wir knabbern, wenn wir nervös sind, brauchen unseren Schutz. Lassen Sie uns Harfe spielen und die Nägel lackieren. Nägel lehren uns, dass alles davon abhängt, wie wir nutzen, was wir haben.

Feuer

Eine Feuerhand, auch intuitive
Hand genannt, hat eine längere
Handfläche, die Finger sind eher
kurz. Jemand mit einer Feuerhand
ist wie ein Lagerfeuer ständig in
Bewegung, braucht immer Action,

als ob so die starke emotionale Last, die auf
jedem Bereich des Lebens liegt und die auf
Besitzern von Feuerhänden besonders schwer
liegt, weggeschoben werden kann. Feuerhände
stehen für Lebhaftigkeit, die Fähigkeit, Enthusi-
asmus zu verbreiten, für Vielseitigkeit und die
Notwendigkeit, Ungeduld und Unbeherrscht-
heit in den Griff zu bekommen.

Inspiration

Feuer brennt, es ist lebendig und voller
Energie. Es durchdringt Dinge und wärmt
sie bis in ihre Tiefen. Wird es nicht in
Schach gehalten, kann es zerstören. Wird
es größer als nötig, um zu wärmen und zu
kochen und anderen Energie und Leben
zu schenken, kann es töten. Lassen Sie
das nicht zu.

Erde

Eine Erdehand, auch praktische Hand genannt, hat eine quadratische Handfläche und kurze Finger. Sie steht in enger Verbindung zu den greifbaren Elementen des Lebens und genießt irdische Aspekte wie Essen, Sex und Natur. Die Erde ist fest, sie nährt uns und auch wenn sie aus menschlicher Sicht eine unbewegte Oberfläche besitzt, findet sich unter ihrer dünnen Kruste viel Leben und Druck. Die Erdehand steht dafür, dass wir mit beiden Beinen auf dem Boden stehen. Wir halten große körperliche Strapazen aus und verkörpern Ehrlichkeit, Hingabe und Zielgerichtetheit.

Inspiration

Die Erde ist die Macht, die uns Kraft gibt, die die Bäume wachsen lässt. Geben wir uns ihrem natürlichen Rhythmus hin und erfassen instinktiv die richtige Zeit für alles! Bewegen wir uns und hören auf unsere Körper! Genießen wir das einfache Leben! Die Erde trocknet aus. Hören Sie die Flüsse, die tief unten fließen.

Luft

Die Lufthand, auch intellektuelle Hand genannt, hat eine quadratische Handfläche mit langen Fingern. Luft übermittelt die Geräusche von einer Person zu einer anderen. Sie ist frei, anpassungsfähig, bewegt sich mit Leichtigkeit und ermöglicht das Leben auf der Erde. Die Lufthand steht dafür, wie wichtig Kommunikation, Denken und das Schmieden von konkreten und umsetzbaren Plänen ist. Echtheit, Unabhängigkeit, Fürsorge in Beziehungen. Innere Schönheit und Harmonie. Die Herrschaft des Denkens über Gefühle.

Inspiration

Vertrauen Sie Ihrem inneren Selbst. Folgen Sie Ihrer Begeisterung für Beziehungen zu anderen. „Intellektuell" stammt aus dem Latein und meint die Fähigkeit zu fühlen, zu erkennen, zu verstehen und die Verbindung zwischen Dingen zu sehen. Zeigen Sie ohne Furcht, dass das, was Sie haben, kostbar ist.

Wasser

Die Wasserhand heißt auch sensible Hand, sie hat lange Finger und eine ebensolche Handfläche. Sie ist überall schmal und lang. Das oberflächliche Leben spiegelt häufig das andere wider, für diesen Typ ist es weniger interessant als die tiefe Seite, mit der er eng verbunden ist und den Eindruck erweckt, er sei „verträumt". Introvertiertheit, Intuition, Heimlichkeit, Beeindruckbarkeit, Fantasie, Stimmungsschwankungen, das Risiko, die Beziehung zur Wirklichkeit zu verlieren, wenn man nicht aufpasst. Wasserhände haben viele Talente, die sie überfordern können.

Inspiration

Stellen Sie sich vor, Ihre innere Welt sähe aus wie eine große Meeresgöttin. Sie hält sich in der Tiefe auf, an verborgenen Orten, die sie nur selten verlässt. Wenn sie sich zeigt, bringt sie Geschenke: Licht, uralte Tiere und sauberes Wasser. Aber sie ist zu groß, als dass sie immer bei uns auf der Erde sein könnte. Können Sie ihr treu zur Seite stehen, ohne überwältigt zu sein und zu versinken?

Wurzeln

Die horizontale Unterteilung der Hand lässt uns drei „Welten" erkennen: Die Welt, die den größten Teil Ihrer Hand einnimmt, enthüllt, welcher Typ Sie sind. Wenn wir uns die Umrisse des Baums des 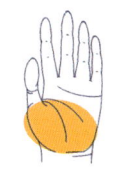 Lebens auf unserer Handfläche vorstellen, bildet der untere Teil der Hand, der unter dem Grundgelenk des Daumens beginnt, die Wurzeln ab. Dies ist die „körperliche Welt", die von Leidenschaften und unserer Beziehung zu irdischen Dingen geprägt ist.

Inspiration

Jetzt ist es Zeit, die Wurzeln in den Boden zu strecken. Treiben Sie Ihre Wurzeln in den feuchten Grund der Welt und zehren Sie von den Freuden und der Stabilität, die sie Ihnen bietet, ohne alles andere zu vergessen. Oder nehmen Sie im Gegenteil diese Neigung bewusst wahr und bremsen sie, wenn sie dazu führt, dass Sie die spirituelle Seite vernachlässigen.

Stamm

Stellen Sie sich eine Zeichnung des Baums des Lebens auf Ihrer Handfläche vor, dann teilen Sie sie horizontal in drei „Welten": die größte zeigt, welcher Typ wir sind. In dem Teil zwischen dem Daumenende und den Fingergrundgliedern finden wir den Stamm. Dies ist die „praktische Welt". Hier erledigen wir unsere Aufgaben, erreichen unsere Ziele und vollenden unsere Arbeit. Wie der Stamm den Baum stützt, sind wir durch die praktische Welt effektiv.

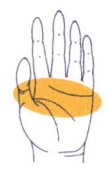

Inspiration

Veränderung ohne Handeln ist unmöglich. Verbesserung ist keine Vermutung, sie ist Erfahrung. Wer wie ein Baum, der sich zum Himmel streckt, wachsen möchte, muss daran arbeiten, den Stamm zu stärken und seine Träume zu verwirklichen.

Zweige

Wenn wir die Hand horizontal in drei „Welten" unterteilen, entsprechen diese den drei Teilen des Baums des Lebens, wobei der größte Teil zeigt, was für ein Typ wir sind. Die Finger sind die Zweige des Baums. Dieser Teil heißt „geistige Welt", hier planen, denken, erinnern, erschaffen wir, wenden Logik und Konzentration an. So, wie die Zweige sich zum Himmel strecken, kann unser Kopf ein guter Führer sein, der uns atmen lässt.

Inspiration

Manchmal ist es gut, ein Idealist zu sein und in der Welt der Gedanken und Ideen zu leben. Verstecken Sie sich nicht in einem Elfenbeinturm: Vertrauen Sie darauf, dass Ihre Gedanken Sie zum Licht emportragen, wie Zweige, die der Sonne entgegenwachsen.

Mars

Der Daumen, auch Finger der Venus und des Mars genannt, steht im Mittelpunkt des Handlesens, weil er im Kleinen alle Aspekte des Wesens einer Person abbildet. Er ist der Finger, der uns die Berührung mit Dingen ermöglicht. Das obere Fingerglied, an dem der Nagel sitzt, ist mit Willenskraft und Entschlossenheit verbunden. Das nächste steht für Logik und Vernunft und wie stark sie unsere Absichten lenken. Wenn sie einander entsprechen, schaffen wir es, Absichten auf Vernunftbasis umzusetzen. Das dritte Fingerglied ist mit dem Berg der Venus verbunden, dem Sitz unserer Lebensenergie.

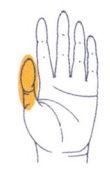

Inspiration

Dieser Finger steht für Sie als Ganzes, er enthält die Essenz dessen, wie Sie Ihr Leben meistern, Ihre Talente, wie Sie analysieren und argumentieren, bevor Sie handeln. Er steht auf dem Berg der Venus, dem Fenster zur Fähigkeit, Dinge zu ertragen, zu lieben, glücklich zu sein und Freude zu erfahren. Es ist Zeit, zu bewerten, was von außen kommt und wie Sie Ihre Vernunft einsetzen, um Ihr Ziel zu erreichen.

Jupiter

Der Zeigefinger repräsentiert die
Attribute des Königs der antiken
römischen Götter: die Kontrolle
über sich selbst und die eigenen
Ansprüche durchzusetzen. In ihm
zeigt sich die äußere Welt und

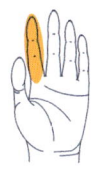

unsere Anpassungsfähigkeit an das Leben. Was
nicht gleichbedeutend mit Erfolg ist, sondern es
heißt, unseren natürlichen Bedürfnissen nach-
zukommen. Ist der Finger sehr lang, deutet das
auf eine Autorität hin, ein sehr kurzer Finger auf
mangelndes Selbstbewusstsein. Die zugeord-
neten Wesensmerkmale sind Ehrgeiz, Anführer,
Ehre, Selbstvertrauen, Menschenliebe.

Inspiration

Dies ist nicht nur der Finger der Führer-
schaft: mit ihm wird Magie gewirkt, der
Weg gezeigt oder Tadel erteilt. Er zeigt,
dass Sie sich Ihrer Richtung in der Welt bewusst sind, hören Sie auf Ihre Talente und
Sehnsüchte und verwandeln sie in etwas
Konkretes. Jupiter stellt Ihre Fähigkeit,
Entscheidungen zu treffen, infrage. Ist Ihr
Wille zu stark? Setzen Sie sich zu wenig
durch? Antworten Sie darauf spontan,
um besser darauf reagieren zu können.

Saturn

Der Mittelfinger trägt die Charakteristika des Planeten und des antiken Gottes Saturn in sich: ein alter Eremit, der Gegensätze versöhnt, Heiler und Vermittler zwischen dem Drängen der in-

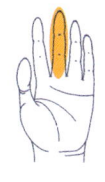

neren und äußeren Welt. In Saturn treffen sich die beiden Welten, er ist der magische Finger der Schicksalsachse, der Balancepunkt aller Neigungen der anderen Finger. Ein weiser, alter Mann, ein Philosoph, ein Wissenschaftler, eine Zugbrücke.

Inspiration

Saturn ist ein einsamer Gott, wir allein müssen unsere Lektionen lernen. Er lehrt uns Disziplin und Eigenständigkeit. Er lässt uns gegen die bestehende Ordnung verstoßen, damit die Dinge neu geordnet werden. Treffen Sie auf Saturn, ist das die Aufforderung, Ihre Grenzen auszuloten und durchzusetzen, die Grenzen, hinter denen Sie die äußere Welt nicht dulden. Überdenken Sie Ihre Beziehungen aus der von Ihnen gewählten Distanz heraus. Sie dürfen nicht zulassen, dass sie missachtet wird. Schaffen Sie das auf ausgeglichene Art, ohne sich selbst abzuschotten?

Apollon

Der Ringfinger steht für die Eigenschaften des antiken Sonnengotts Apollon. Er besitzt die Neigung, sonnig und optimistisch zu sein mit einer Liebe für schöne Dinge, die Kunst und das Theater.
Er repräsentiert die Beziehungen zur Gemeinschaft, zu Freunden und anderen wichtigen Personen. Er ist direkt mit dem Herzen verbunden. Kreativität, Charisma, künstlerische Fertigkeiten. Hüten Sie sich vor einem zu großem Ego und Narzissmus.

Inspiration

Apollon war nicht nur der Sonnengott, er war auch für Musik, Prophezeiungen, die Künste und die Medizin zuständig. Vertrauen Sie dem, was unsichtbar ist, folgen Sie Ihren Gefühlen und Ihrer Intuition und bauen Sie auf den Gott. Sie werden heilen und Vorhersagen treffen können. Kreativität ist immer intuitiv. Verlassen Sie sich darauf, aber denken Sie nicht zu viel darüber nach, wenn Sie Ihr Abbild im Spiegel der Zeit betrachten.

Merkur

Der kleine Finger ist der der intuitiven, dialektischen und geschäftlichen Fähigkeiten, steht aber auch für das Verhältnis zur Ursprungsfamilie, für die enge, sinnliche Beziehung zueinander.

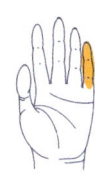

Er ist dem Gott Merkur verbunden, der häufig in mythologischen Erzählungen vorkommt. Viele seiner Eigenschaften finden sich in der Persönlichkeit des archetypischen Merkurianers. Berühmt sind seine geflügelten Sandalen, die ihn zum Botschafter der Götter machten.

Inspiration

Die Griechen sahen ihn als Lehrer, Gott, als König, der Magie beherrschte und Weisheit verbreitete, an. Er weckt das Bedürfnis und die Fähigkeit, mit anderen auf unterschiedlichen Ebenen zu kommunizieren. Er herrscht über unsere Beziehung zu Geld, Sex und unseren Vorfahren. Und er sendet Träume, die über die Botschaften unserer Kindheit wachen und sie überbringen. Wir sollen jetzt auf unser inneres Kind hören. Es weiß, wie es uns zu inspirierenden Orten führt, zur Wurzel dessen, was wir brauchen.

Venusberg

Der Venusberg ist der fleischige Teil der Handfläche unter dem Daumen. Venus, Göttin sowohl der fleischlichen als auch der spirituellen Liebe, inspiriert die Mächte, die hier ihren Platz haben, sich den Genüssen des Lebens zuzuwenden – vom guten Essen über Sex bis zu schönen Dingen. Venus ist die Geliebte des Gottes Mars und Mutter von Cupido, sie erzählt von der Energie, die uns zur Verfügung steht und die wir einsetzen sollen, um dem Leben zu begegnen. Der Venusberg schützt unser Durchhaltevermögen, mit dem wir die wichtigste Reserve für unsere Lebensenergie anzapfen können: die Liebe.

Inspiration

Hier liegt Ihr größtes Energievorkommen, Ihr Safe, Ihr Lagerhaus. Denken Sie daran, was für Sie die größte Wirkung hat: eine Umarmung, das Meer, eine Erinnerung. Wenn Sie müde sind, wenn Sie sich erholen müssen, wenn Sie in Schwierigkeiten stecken, dann gehen Sie zum Venusberg. Dort finden Sie Ihre Kraft.

Mondberg

Der Mondberg ist der fleischige Teil der Handfläche unter dem Grundgelenk des kleinen Fingers. Er repräsentiert unseren irrationalen Teil, der jenseits des Bewussten liegt: Intuition, Vorstellungskraft, Träume, Sensibilität. Dort verstecken sich Ressourcen, mit denen wir die subtilen Elemente unserer Existenz begreifen. Ist er flach und hart, scheuen wir uns davor, in diese dunkle Seite einzutauchen. Liegt er auf, ist die Person charismatisch und auf tiefe Gefühle ausgerichtet. Ein Liniennetz auf dem Mondberg deutet auf Melancholie hin.

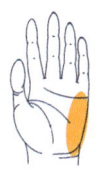

Inspiration

Mit vielen Kratern, hell und geheimnisvoll, beherbergt diese Stelle unsere geheimste Seite, das, was Sie nicht über sich wissen, Ihre Kreativität. Von diesem Berg führt nur ein Weg herab. Türen führen auf Treppen raus und Fenster öffnen ins Dunkle. Dort finden wir unsere Geheimnisse und alles, was Sie noch erfinden müssen, die Worte, die Sie als Kind sprachen und vergaßen. Schauen Sie hinein und erkunden Sie.

Leben

Die Lebenslinie umrundet den Venusberg (den fleischigen Teil unter dem Daumen). Sie zeigt nicht die Lebensdauer an, sondern den Gehalt an Lebensenergie. Sie zieht ihre Charakteristika vom Venusberg, einschließlich Ausdauer, Gesundheit und Kraft. Wenn sie gerade und deutlich zu verfolgen ist, ist sie wie eine Furche im gepflügten Acker: fest, bereit, das Leben sprießen zu lassen. Ist sie unterbrochen, kann das auf große Veränderungen hinweisen: ein Umzug, eine Entscheidung, die unser bisheriges Leben auf den Kopf stellt, ein wichtiger Wendepunkt.

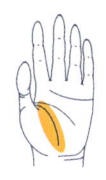

Inspiration

Unsere Lebenslinie kann uns dazu anspornen, unsere Fehler und Ängste zu überdenken. Ist die Linie unterbrochen, lehrt sie uns etwas über die Kraft, die in Krisen steckt. Sie verfügen über alles, um ein erfülltes Leben zu führen: Energie, Kraft und die Fähigkeit zur Transformation. Auch die schmerzhafteste Veränderung kann Wachstum auslösen, wenn wir es verstehen, sie wertzuschätzen.

Herz

Die Herzlinie beginnt an der Seite der Handfläche unter dem kleinen Finger, kreuzt rüber und endet meist zwischen Mittel- und Zeigefinger. Sie sagt uns etwas über Beziehungen, in denen es um Gefühle geht, nicht nur Liebesbeziehungen, auch Freundschaften, spirituelle Verbindungen und einfach alle, die unser Herz betreffen. Sie kann durchbrochen sein und später wieder einsetzen, ein Hinweis auf ein „gebrochenes Herz", einen tiefen Schmerz und etwas, das unsere Gefühle verletzt hat.

Inspiration

Wenn unser Herz gebrochen ist, gibt es nur Heilung, wenn wir es umsorgen. Kümmern Sie sich um Ihre Gefühle. Werden sie vernachlässigt, wird die emotionale Last, die Sie tragen, indem Sie vorgeben, alles sei in Ordnung, unerträglich.

Kopf: Vernunft

Die Kopflinie beginnt an der Handfläche zwischen Daumen und Zeigefinger und verläuft in Richtung Mondberg. Ist sie auf ihrem Weg dorthin ausgeprägt und gerade, deutet das auf eine 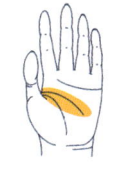 Person hin, die von ihrem Intellekt geleitet wird. Vernunft ist die größte Ressource, die Fähigkeit, sich zu konzentrieren und zur Logik sind verlässliche Talente. Sehr wertvolle natürlich, aber sie bergen das Risiko in sich, die Zeichen des Unbewussten zu übersehen und damit, wieviel in unserer Welt nicht durch Vernunft allein erklärt werden kann.

Inspiration

Das gerade benötigte Talent scheint die Vernunft zu sein, die Fähigkeit, zu analysieren und logische Lösungen zu finden. Gesetze zu erkennen, wo es nach Zufall aussieht, wie Newton, der von einem fallenden Apfel auf die Gravitationskraft schloss.

Kopf: Harmonie

Zielt die Kopflinie auf die Mitte des Mondbergs, ist das ein Hinweis auf gut ausgebildetes Denken, auf Flexibilität und tiefes Verständnis sowie Fantasie und eine Verbindung zur eigenen 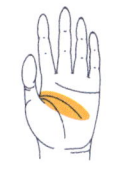 dunkleren Seite. Wessen Linie derart verläuft, verliert nie den Kontakt zum Unbewussten, zur Logik oder das Talent, Situationen rational zu analysieren.

Inspiration

Denken Sie an Dorothys Vertrauen im *Zauberer von Oz*: Sie verlässt sich auf die Sicherheit Ihres Zuhauses, auch, als es von einem Wirbelsturm fortgetragen wird. Eins der schönsten Geschenke ist es, Harmonie zwischen dem Rationalen und dem Irrationalen herzustellen, die unendlichen Schattierungen zwischen Schwarz und Weiß zu kennen.

Kopf: Traum

Wenn die Kopflinie unter dem Mondberg endet, nehmen Geheimnisse, das Unbewusste und die Fantasie überhand, die Vernunft wird von ihnen unterworfen. Es ist, als ob das, was unsichtbar ist, zu mehr Leben erwacht und konkreter wird als das Sichtbare: als ob der Kontakt zur Realität verloren ging.

Inspiration

Es liegt großer Reichtum darin, sich vom Alltäglichen abzuwenden, blind seinen Intuitionen zu vertrauen und Visionen als Realität anzusehen. Halten Sie dieses Talent hoch, aber achten Sie darauf, es nicht zu übertreiben. Träume lenken und geben Hinweise, aber das Leben besteht aus mehr.

Schicksal

Die Schicksalslinie beginnt am Handgelenk und verläuft senkrecht durch die Hand. Andere Namen für sie sind Saturn- oder Glückslinie. Sie repräsentiert die uns angeborenen Talente und  Gaben, aber auch die Risiken, die wir unserem Wesen gemäß eingehen. Dabei geht es um Unvermeidliches. Die Linie gibt es entweder an beiden Händen, an einer oder sie fehlt ganz. Ist sie nur auf der linken Hand, heißt das, dass wir zu unseren Kinderträumen zurückkehren müssen, wenn wir unser ganzes Schicksal erfassen möchten. Ist sie nur auf der rechten Hand, leisten wir als Erwachsene unseren Beitrag dazu, zu werden, wozu wir geboren wurden.

Inspiration

Nicht alles ist in Stein gemeißelt, aber wir werden mit Eigenheiten geboren, die Einfluss auf unser Leben nehmen. Wir müssen sie berücksichtigen, stärken oder abschwächen, je nach Bedarf. Die Erfüllung unseres Schicksals beginnt bei uns. Sind Sie bereit, zu werden, wer Sie sind?

Schicksal: Paar

Die Schicksalslinie zieht sich senkrecht vom Handballen über die Handfläche. Sie spiegelt unsere angeborenen Talente wider und die Risiken, die unser Temperament birgt. Finden wir sie auf beiden Händen, ist das ein Zeichen für ein ausgeglichenes Verhältnis zwischen Vergangenheit und Zukunft, zwischen Möglichkeit und Durchführung. Wir sind uns unserer Gaben voll bewusst.

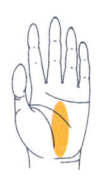

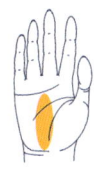

Inspiration

Ein Seiltänzer fordert sich selbst heraus, indem er über Seile oder Schluchten, Hochhäuser und Dächer läuft. Und auch Sie laufen mit dem Stab in der Hand durch das Leben und balancieren Sehnsüchte und Erfüllungen gemäß Ihres Potenzials aus. Fürchten Sie sich nicht, dann fallen Sie auch nicht.

Schicksal: nicht vorhanden

Die Schicksalslinie beginnt am Handgelenk und zieht sich vertikal über die Handfläche. Sie steht für alle unsere angeborenen Gaben und die Risiken durch unser Temperament. Wenn sie auf 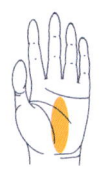 keiner Hand zu finden ist, heißt das allerdings nicht, dass wir keine eindeutigen Talente mitbekommen hätten, sondern dass wir vielmehr einen gewissen Unmut gegenüber einer Konditionierung fühlen und absolute Freiheit bei den wichtigen Entscheidungen im Leben haben.

Inspiration

Als Kinder wissen wir nicht immer, was wir später einmal werden möchten. Das kann Angst machen, aber birgt gleichzeitig große Freiheit in sich. Erlauben Sie es sich, alles auszuprobieren. Versuchen Sie ruhig neue Dinge im Leben, so entdecken Sie Ihre wahren Talente.

Marsebene

Diese Ebene liegt in der Mitte der Handfläche und wird auch „Bett von Venus und Mars" oder „Meer des Schicksals" genannt. Es ist dies ein Ort des Kampfes, ein Zeichen für die Kühnheit, uns 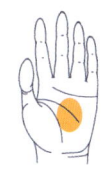 den Kämpfen zu stellen und sie auszufechten, die wir für richtig ansehen oder die in unserem Leben notwendig werden. Je klarer und breiter sie ist, umso größer ist die Großzügigkeit und die Ausgeglichenheit.

Inspiration

Dort auf der Ebene finden wir uns, vielleicht bewaffnet und gut vorbereitet. Vielleicht verloren, voller Kummer. Aber es wird dazu kommen, früher oder später. Dies ist der Kampf mit einem inneren oder äußeren Feind in Situationen oder Anlässen, die wir verursacht haben. Was zählt, ist, dass wir unserem Mut vertrauen, respektieren, womit wir es zu tun haben, und das Bewusstsein, dass wir offen für eine Konfrontation sein müssen.

Ring des Salomo

Der Ring ist ein Kreis, den die Herzlinie bildet, wenn sie sich um das Grundglied des Zeigefingers windet. Er ist der Ring der Magier und Kabbalisten, ein Zeichen für Weisheit, für spirituelle und psychologische Fähigkeiten. Er ist Hinweis darauf, dass man es versteht, andere intuitiv zu lesen, Interesse an metaphysischen Themen hat und, wie der Name anklingen lässt, über außergewöhnliche innere Ausgeglichenheit verfügt. Er fordert uns auf, immer aufmerksam und selbstlos zu sein, zuzuhören und zu Idealismus.

Inspiration

König Salomo erhielt die Gabe der Weisheit direkt von Gott. Sieben Jahre widmete er sich dem Bau eines riesigen Tempels, der voll Gold war und von dem nichts übrig ist als die Erinnerung. Ähnlich erinnert sein kostbarer, aber unsichtbarer Ring daran, im Umgang mit menschlichen Kümmernissen der Intuition als Gabe zu vertrauen.

Affe

Die Simian- oder Affenlinie verläuft quer über die Hand, unter dem kleinen Finger beginnend bis hin zum Zeigefinger und zeigt sich, wenn Herz- und Kopflinie zusammentreffen. Ist sie vorhanden, haben Gefühle die Oberhand und unterdrücken die Vernunft. In diesem Fall ist Denken gleich Fühlen und die Aufmerksamkeit liegt auf dem jeweils nächsten Moment. Sie kann für etwas Brutales stehen, das nur die Sinne betrifft und die Vernunft ausschaltet. Sie verkompliziert Beziehungen mit anderen. Wir erkennen nicht mehr durch unsere Vernunft, sondern durch Wahrnehmung und Gefühle. In China und Japan ist sie ein heiliges Zeichen.

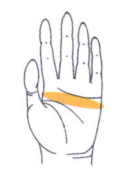

Inspiration

Viele Statuen erleuchteter Menschen des Ostens zeigen diese Linie, die uns mahnt, unseren spirituellen Pfad nicht zu vergessen und unsere Ziele im Blick zu behalten. Für Künstler bedeutet sie zwanghafte Kreativität. Die Karte bittet Sie, die Bedürfnisse anderer nicht zu vergessen, damit Sie zu Ihrer Erfüllung gelangen.

Intuition

Die Intuitionslinie findet sich auf der Handfläche unter dem kleinen Finger. Wie der Name andeutet, stärkt sie Ihre Intuition, Vorstellungskraft und übersinnliche Wahrnehmung. Sie lässt uns die 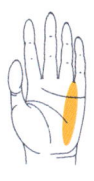 menschliche Natur verstehen und verbessert unsere Kommunikation. Sie entspringt dem Mondberg, einem Ort der Fantasie und des Unbewussten und setzt reine mentale Energie frei. Sie ist die Quelle, aus der viele Künstler ihre Inspiration erhalten und muss vorsichtig behandelt werden. Die Wahrnehmung des Nicht-Sichtbaren kann uns übermäßig verträumt und nervös machen.

Inspiration

Nun ist es Zeit, die Augen zu schließen und den Blick auf etwas Größeres zu richten. In Ihnen wohnen Kräfte, die auf das kollektive Unterbewusstsein zugreifen können. Finden Sie Ihre empathische Kraft und vertrauen Sie Ihrer Intuition. Machen Sie sich nicht auf Zuruf verfügbar. Folgen Sie Ihrem eigenen Rhythmus.

Milchstraße

Diese Linie kommt sehr selten vor, manchmal besteht sie aus mehreren parallelen Strichen, die am Mondberg beginnen und enden. Sie weist auf große Offenheit für Gefühlserlebnisse mit und in 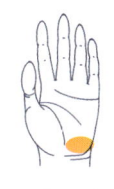 Verbindung mit unseren Körpern hin. Sie steht für ausgeprägte körperliche Dynamik und eine starke Neigung zu sinnlichen Freuden. Lebenskraft und Gesundheit entspringen dieser Linie. In extremen Fällen drückt sie eine zu starke Sensibilität für diese Welt aus, dann weist sie auf eine Neigung zum Mystizismus und okkulte Gaben hin.

Inspiration

Manchmal macht uns unser Inneres Angst, etwa wenn wir zum Laster neigen oder hochsensibel in dieser zunehmend aggressiven, belasteten Welt stehen. Diese Angst sollen wir nicht einfach abtun. Wir können sie annehmen und durch die Erkenntnis verwandeln, dass Zartheit auch Stärke ist, die uns verborgene Aspekte der Realität zeigt.

Armband

Das Armband ist eine Linie dort, wo die Hand ins Handgelenk übergeht. Dort können sich auch zwei oder drei Linien finden. Sie repräsentieren Gesundheit, Glück und Freude, drei Zustände, die sehr flüchtig und schwer zu erhalten sind. Wenn alle drei und noch dazu ausgeprägt zu sehen sind, bilden sie das Königliche Armband und stehen für außergewöhnliche Dynamik und Erfolg. Findet sich dazu noch ein Kreuz, dürfen wir darauf hoffen, dass unsere Mühen reich belohnt werden. Jede Linie des Armbands heißt Rascetta und besitzt Informationen über die Organe des Bauchs.

Inspiration

Es ist nun Zeit, auf den magischen Schutz zu vertrauen, der uns zum Geschenk gemacht wird. Nicht alles lässt sich durch Willen und Handeln steuern, aber alles hängt davon ab, wie wir mit dem, was uns begegnet, umgehen. Ein Armband glitzert magisch auf Ihrem Handgelenk, unsichtbar, und wacht über Ihre verborgenen Teile.

Sonne

Die Sonnenlinie beginnt am unteren Rand der Handfläche, nahe der Schicksalslinie, und durchläuft sie senkrecht, bis sie am Grundglied des Ringfingers endet. Sie ist sehr selten und wird auch 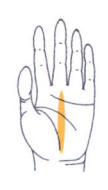 Ruhmeslinie genannt. Unabhängig davon, wie gerade oder tief sie ist, ist sie ein Zeichen für ein erfülltes berufliches Leben. Kommt sie nur in der linken Hand vor, bestimmt ein großzügiges Herz die Bestrebungen. Auf der rechten Hand ist sie ein gutes Omen für Dinge, die unseren Willen stärken.

Inspiration

Die Sonnenlinie bestärkt Sie, Ihren Fähigkeiten, Gaben und Bemühungen zu vertrauen, damit Ihre Bemühungen Früchte tragen. Alles, was Sie brauchen, ist bereits in Ihrer Intuition, Ihrer Hingabe und Ihren Talenten vorhanden und muss nicht von außen kommen.

Zeit

Zeit ist nur scheinbar eine feste Größe: Durch Kalender und Uhren ist sie zwar messbar, aber es gibt auch die, die punktuell heraussticht und mit unseren Erfahrungen verbunden ist, die 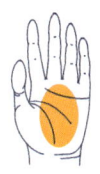 unsere Leben sehr persönlich abbildet. Um sie chronologisch zu verfolgen, ziehen Sie auf der Handfläche eine Linie, die die Lebenslinie kreuzt. Dieser Punkt entspricht den ersten zehn Jahren Ihres Lebens. Für die weiteren Schritte gibt es keine Regeln. Was zählt, ist das Sich-Bewusstwerden, auch körperlich, dass die Zeit fließt.

Inspiration

Manchmal ist die Zukunft nicht zu erkennen. Nur die Gegenwart und die Vergangenheit sind für uns sichtbar. Mehr noch als Geburtstage markieren oft andere Ereignisse eine Wende: eine Entdeckung, eine Liebe, ein Verlust. Nehmen Sie Verbindung zu Ihrer inneren Zeit auf und haben Sie keine Angst, sich den Plänen anderer anzupassen.

Venusgürtel

Diese Linie beginnt zwischen Zeigefinger und Mittelfinger und kann als Nebenlinie der Herzlinie gelten. Wo sie sich zeigt, deutet sie auf ausgeprägte emotionale Sensibilität hin. Sie verbindet die  physische Welt mit der intimeren persönlichen und Selbstbestätigung mit Gefühlen und kann daher ein ständiges Verlangen nach Aufregung und Abwechslung andeuten. Ist sie kurz, ist sie ein Hinweis auf emotionale Bereitschaft, unterbrochen weist sie vermutlich auf hohe und instabile Sensibilität hin.

Inspiration

Entscheiden Sie selbst, ob Ihre Sensibilität Fluch oder Segen ist. Vielleicht geben Ihre Sinne und Gefühle bisweilen zutreffendere Informationen weiter als die anderer Personen. Dadurch lassen sich Ihre kreativen Kräfte entwickeln. Wenn Sie allerdings zulassen, dass sie überhandnehmen, begeben Sie sich in die Gewalt von Mächten, die Sie nicht kontrollieren können, und Sie könnten sich verlieren.

Einflüsse

Die Einflusslinien zeigen mögliche Lieben und Vereinigungen. Sie sind auf der Hand die einzigen Linien, die andere Menschen in unserem Leben repräsentieren. Sie verlaufen vertikal, haupt-  sächlich über den Venusberg, und parallel zur Lebenslinie. Häufig sind sie dünn und blass und nicht leicht zu entdecken. Sie enthalten Hinweise auf mögliche Beziehungen und unsere emotionale Empfänglichkeit. Auf der nicht-dominanten Hand enthüllen sie, wer unser Herz beeinflusst, auf der dominanten Hand, wie andere unseren Einfluss erleben.

Inspiration

Eltern, Schwestern, Mentoren, enge Freunde und auch Feinde hinterlassen Male in uns. Wie viel Gutes wir aus jeder wichtigen Person ziehen, hängt davon ab, wie frei wir uns von Einflüssen anderer machen. Alles berührt und verändert uns, aber das ist etwas anders, als sich bezwingen zu lassen.

Zuneigung

Die Zuneigungslinien befinden sich im fleischigen Teil unter dem kleinen Finger, genannt Merkurberg. Sie beginnen am äußeren Teil der Hand und ziehen sich bis zur Mitte des Bergs. Sie sind kurz und verlaufen parallel zueinander. An der dominanten Hand repräsentieren sie die Herzen, die Sie berührt haben. Auf der nicht-dominanten Hand zeigen sie, wie oft Ihr Herz berührt wurde. Eine einzelne Linie oder eine, die länger ist als die anderen, steht für eine tiefe Liebe, eine dauerhafte Beziehung.

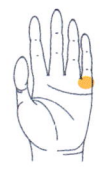

Inspiration

Manchmal wird es notwendig, sich stärker um seine Beziehungen zu kümmern, um die, die wir am meisten lieben, indem wir sie öfter in den Arm nehmen, ihnen zuhören und ihnen sagen, dass wir sie lieben. Nichts ist selbstverständlich oder bleibt ewig bestehen, besonders in Herzensdingen. Schauen Sie in Ihr Herz und Sie werden wissen, was zu tun ist.

Reisen

Reiselinien sind kurz und können am Fuß des Mondbergs oder entlang der Lebenslinie beginnen. Sie verstärken den Einfluss des Mondes und die Lust am Reisen. Sie zeigen, dass wir nicht gerne zu lange an einem Ort bleiben und keine Veränderungen scheuen. Sollten die äußeren Umstände uns vom tatsächlichen Reisen abhalten, können wir uns auf innere Reisen begeben. Mithilfe von Büchern, Landkarten, Computern und ganz besonders der Fantasie können wir zu immer neuen Orten reisen. Je länger und deutlicher die Linien, umso weiter und länger werden wir reisen.

Inspiration

Die Antwort in diesem Moment ist eine neue Landschaft. Entweder durch eine archäologische Expedition, eine Lustfahrt, eine spirituelle Pilgerreise oder zu einer philosophischen Konferenz – das Bedürfnis ist immer dasselbe: hinauszugehen und etwas zu entdecken.

Sorgen

Diese horizontalen Linien, die entlang des Venusbergs verlaufen, repräsentieren Herausforderungen, Rückschläge, Ereignisse und schwierige Menschen in unserem Leben. Sie können rund um den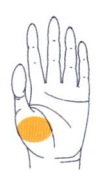
Berg vorkommen, wenige, viele, eine, keine. Kreuzt eine die Lebenslinie, deutet das auf ein Problem hin, dass sich noch nicht gezeigt hat. Wenn es viele gibt, erzählen sie von einem turbulenten Leben, geprägt durch kleinere Unannehmlichkeiten, aber auch von der Notwendigkeit, Lebensenergie für die äußere Welt aufzubringen.

Inspiration

Sie sind nicht Ihre Probleme. Sie sind noch nicht einmal Ihre Traumata. Versuchen Sie, besser auf Ihre Energie zu achten. Sie ist nicht unendlich und man muss auch nicht die ganze Zeit hyperaktiv sein. Bemühen Sie sich, besser zuzuhören. Sorgen sind keine Gedanken.

Ketten

Jede Linie kann wie eine Kette aussehen, dann ist sie unregelmäßig und schwach ausgeprägt. Allgemein stehen Ketten dafür, dass dieser Aspekt des Lebens nicht linear verläuft: Es gibt Unentschlossenheit, Hindernisse, Rückschläge und Kämpfe. Auf der Kopflinie bedeuten sie unklare Gedanken und unzuverlässige Erinnerungen. Auf der Herzlinie sind sie Mahnung, dass wir lernen sollen, unserem Herzen mehr zu folgen.

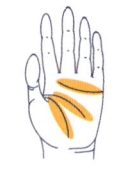

Inspiration

Etwas hält uns zurück, verhindert, dass wir tiefer und freier in unsere Erlebnisse eintauchen. Vielleicht folgen wir nicht unserem Herzen. Vielleicht lassen wir es zu, dass unser Geist verwirrt ist. Vielleicht entscheiden wir impulsiv und bereuen es. Es ist Zeit, die Ketten zu sprengen.

Quadrat

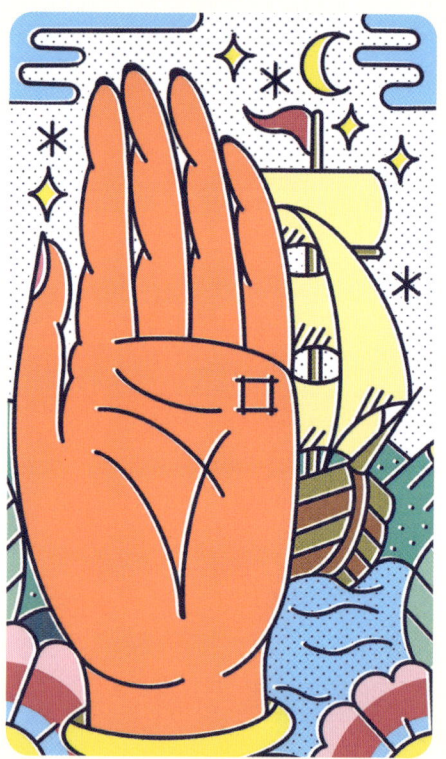

Ein Quadrat ist ein veränderliches Zeichen, seine Bedeutung ändert sich je nach Lage seiner Position auf der Hand. Im Allgemeinen steht ein Quadrat für Schutz gegen Gefahr. Unter Saturns  Einfluss schützt es gegen Unfälle. Auf der Kopflinie beschützt es uns vor Gefahr. Auf der Schicksalslinie verhindert es ungünstige finanzielle Entscheidungen. Auf der Reiselinie bedeutet es, dass wir beruhigt abreisen können.

Inspiration

Kann uns ein geometrisches Zeichen auf der Haut beschützen? Vielleicht sind Sie eins mit Ihrem Körper und können darauf vertrauen, dass etwas Mächtiges und Wohltuendes in Ihnen wohnt. Immer und jederzeit, sichtbar oder nicht. Wenden Sie sich an die Kräfte, die Sie antreiben und führen, denn es ist Zeit für Veränderungen.

Stern

Wenn die Handfläche der Himmel ist, beleuchten die Sterne unser Schicksal. Sie können an vielen Stellen der Hand erscheinen. Ihre Vorteile beziehen sich auf die Stelle, an der man sie findet.  Auf dem Venusberg etwa können sie für eine stabile und dauerhafte Verbindung stehen. Auf dem Jupiterberg (unter dem Zeigefinder) repräsentieren sie einen weltlichen Erfolg. Auf dem Mondberg weist ein Stern auf außergewöhnliche Kreativität hin.

Inspiration

Wenn wir einen Stern am Horizont sehen, rührt das etwas in uns, was das ganze Universum durchzieht: Sehnsüchte, Ziele, tiefgehende Kommunikation mit dem Kosmos, Ehrfurcht, ein Gespür für Schönheit, ein Teil von etwas Großem zu sein. Jeder kann ein Star sein.

Gitter

Gitter, sich kreuzende Linien, können an verschiedenen Stellen der Hand auftreten und deuten auf fehlende Balance hin. Sie können teils oder ganz der Bedeutung der Stelle, an der sie sind, widerspre-  chen. Sie sollten beachtet werden, um Misserfolg entgegenzuwirken. Sie können irritieren oder anziehend wie ein Magnet sein. Strahlen sie, verlangen sie nach Aufmerksamkeit. Auf dem Venusberg verleihen sie Attraktivität, aber nicht unbedingt für die richtige Person, und bergen somit das Risiko auf Leid in sich.

Inspiration

Schwierigkeiten und Rückschläge lehren uns manchmal, dass das wahre Glück das geteilte ist. Gerät etwas aus dem Gleichgewicht, lernen wir, uns neu in einer Partnerschaft aufzustellen und Freude zu teilen, denn Mut ist nicht die Abwesenheit von Angst oder zu befürchten, nicht Recht zu haben. Mut ist, Gelegenheiten wahrzunehmen, obwohl die Umstände schwierig sind.

Punkt

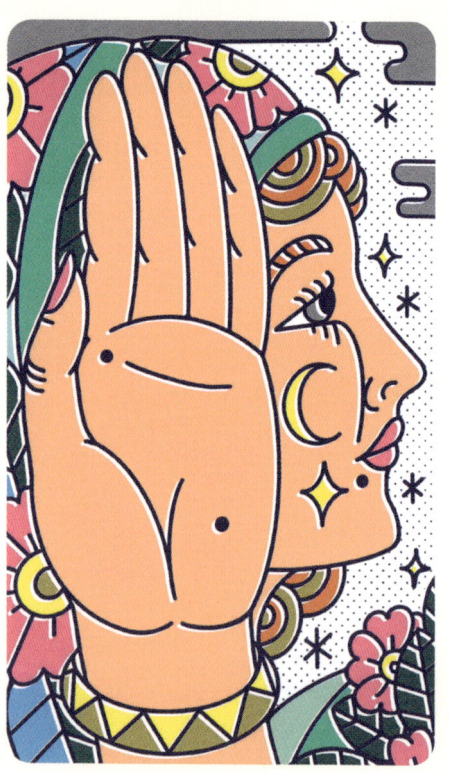

Punkte werden auch Flecke genannt. Häufig sind sie nur vorübergehend zu sehen und Hinweise auf überraschende und lösbare Hindernisse für die günstige Aussage des Bergs oder der Linie, auf der sie sich befinden. Verschwinden sie, ist die schwierige Phase vorüber. Es gibt weiße, schwarze, dunkelblaue oder rote Punkte. Auf der Herzlinie können sie auf emotionales Leid hinweisen.

Inspiration

„Das ist der Knackpunkt" heißt es, wenn man in einer Sache oder Beziehung den Kern des Problems erreicht hat. Wir haben erkannt, dass etwas schwieriger als gedacht ist. Dadurch können wir uns der Sache stellen und nach einer Lösung suchen.

Mystisches Kreuz

Kreuze können sich überall auf der Hand zeigen, häufig auf einer Linie oder einem Berg. Dann müssen wir den Eigenschaften dieser Stelle besondere Aufmerksamkeit widmen. Kreuze alarmieren uns, 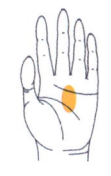 sind Hinweise auf mögliche Probleme. Anders beim Mystischen Kreuz. Es erscheint zwischen der Herz- und der Kopflinie. Damit es seine volle Bedeutung erlangt, darf es sie nicht berühren. Es steht für die Neigung und das Talent für Philosophie, Theologie und Okkultismus. Manchmal seit der Geburt sichtbar, manchmal erst später, auch eine spirituelle Erfahrung kann die Ursache sein.

Inspiration

Es kommt als Rettung, manifestiert sich als Berufung und steht für die spirituellen und subtilen Aspekte unseres Daseins. Vertrauen Sie ihm, kämpfen Sie nicht dagegen an.

Schlaufe

Die Schlaufe ist die Art Fingerabdruck, die am häufigsten ist. Wie der Name andeutet, kann sie als Linie beschrieben werden, die durch Verflechtung mit sich selbst eine Schlinge bildet.

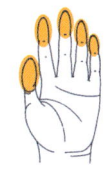

Manchmal findet sie sich auf dem Apollofinger (Ringfinger), sehr selten auf dem des Saturn (Mittelfinger). Wenn sie sich auf allen Fingern zeigt, steht sie für Empfänglichkeit, ein sanftes, aber willensstarkes Temperament und eine Tendenz zum kalten Urteilen und harten Verhandlungen, aber auch für eine Neigung zur Melancholie.

Inspiration

Die Schlaufe kann sich zuziehen wie ein Lasso. Vertrauen Sie Ihrer härteren Seite, die Ihnen sagt, was richtig oder falsch ist, die Sie ohne allzu viel Zweifel entscheiden lässt und die Ihnen intuitiv verrät, welche Haltung am besten zu Ihrer Natur oder den augenblicklichen Bedürfnissen passt. Vertrauen sie außerdem darauf, dass Sie auf Ihre sanftere, melancholischere Seite hören dürfen, ohne in eine Falle zu tappen.

Bogen

Dieser Fingerabdruck hat zwar eine einfache Form, kommt aber relativ selten und meist auf dem Zeigefinger vor. Häufig auf dem Finger des Jupiters zu finden, zeigt es den Willen zum Erfolg, 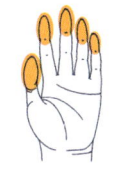 Ehrgeiz und Sicherheit seiner Selbst bis zur Streitlust, wenn nicht sogar Rebellion. Auf der positiven Seite zeigt sich das als Selbstbewusstsein, auf der negativen möglicherweise als Selbstsucht.

Inspiration

Ein Bogen verbindet zwei Seiten miteinander. Er hat die Form eines Regenbogens mit seinen magischen Früchten und kann für eine Zeit stehen, die Vergangenheit und Zukunft zusammenbringt.

Wirbel

Dieser Fingerabdruck zieht ein konzentrisches Muster um die Mitte der Fingerspitze herum. Es ist die komplexeste Form und deutet auf psychologische Vielfalt hin. Der dazugehörige Charakter ist eher reserviert, ruhelos, sensibel und empfänglich. Ein Wirbel auf einem Finger ist ein Zeichen für Unabhängigkeit bezüglich der Eigenschaften des Fingers und von freier Interpretation seiner Werte. Auf dem Ringfinger steht er für das Verlangen, sich auf ganz eigene Weise auszudrücken.

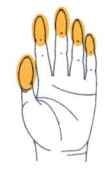

Inspiration

Finden Sie neue Wege, sich persönlich und unangepasst auszudrücken. Finden Sie eigene Lösungen in Beziehungen, im Beruf und in jedem Aspekt Ihres Lebens. Vertrauen Sie auf Ihre Einzigartigkeit und denken Sie daran, nicht impulsiv einem Zwang zum Handeln nachzugeben. Zögern in Verbindung mit Nachdenken kann zum Erfolg führen.

Notizen